बस यूँ ही

अल्फ़ाज़ अनुभव के

Rounak Jain

BookLeaf Publishing
India | USA | UK

Made with ❤ on the BookLeaf Publishing Platform
www.bookleafpub.in
www.bookleafpub.com

Dedication

यह पुस्तक उन साधारण दिनों के नाम है, जिन्हें हम अक्सर नज़रअंदाज़ कर देते हैं क्योंकि वे शोर नहीं करते। वे दिन जो गुज़र जाते हैं सुबह की जल्दी, शाम की थकावट और रात की खामोशी में – और फिर भी, किसी कोने में हमारे भीतर कुछ छोड़ जाते हैं।

हर दिन की छोटी-छोटी बातें – जैसे माँ की आवाज़, किसी दोस्त की हँसी, पुराने गानों की यादें, या खुद से की गई चुप बातचीत – यही सब मिलकर जीवन को खास बनाते हैं।

मैंने इन्हीं आम पलों में कुछ सबसे अनोखा पाया। वे नायक नहीं थे किसी कहानी के, लेकिन हर कविता में उनकी मौजूदगी है।

इस किताब के पन्नों में वही **सरलता**, वही **गहराई** बसाने की कोशिश की है जो ज़िन्दगी ने अपने सबसे शांत लम्हों में मुझे सिखाई।

Preface

" बस यूँ ही " एक प्रयास है, अपने जहन में उठते खयालों के मोतियों को एक माला में पिरोने का। हम सभी के साथ अक्सर ऐसा होता है कि हमारे भीतर कई तरह की भावनाएं, कई तरह की संवेदनाएं, कई तरह के अनुभव हिलोरे खा रहे होते है किन्तु शब्दों के अभाव के कारण हमारी ज़ुबां पर नहीं आ पाते। मैंने भी अपने स्वयं के उन भावनाओं को कविताओं का रूप देने का प्रयास किया है।

कविताएं मुझे व्यक्तिगत रूप से अपनी बात को कहने का एक सुंदर ज़रिया लगती हैं - मानो मैंने किसी विषय से संबंधित अपनी सारी अनुभूतियों को समेट कर कम शब्दों में इनमें सुरक्षित कर दिया और इन्हें पढ़ने पर पुनः वे सारी अनुभूतियों पलकों पर तैरने लगती है। अपने अनुभवों को सभी से साझा करने का यह मेरे लिए स्वर्णिम साधन है।

आशा करता हूं कि **" बस यूँ ही "** सिर्फ मेरी ही नहीं अपितु मुझ जैसे उन तमाम अनुभवशील स्नेहियों के दिल की बात/ भीतर के अल्फाजों को व्यक्त करने में सफल हो।

Acknowledgements

यह पुस्तक उन सभी पाठकों को/प्रश्नकर्ताओं को समर्पित है, जो सवालों के जवाब ढूंढने के उत्सुक है। प्रश्न दूसरों से तो लिए जाते ही हैं लेकिन अगर हम वास्तव में किसी से सबसे अधिक प्रश्न करते हैं तो वो हैं हम "स्वयं" और वास्तव में जब हम स्वयं से निरंतर प्रश्न करते रहेंगे तो हमारे भीतर में ही रहे हुए जवाब जरूर बाहर आएंगे। हमारे स्वयं के पास सारे सवालों के जवाब उपलब्ध हैं केवल आवश्यकता है - प्रश्न करने की! जब हम प्रश्न करेंगे तो समाधान मिलेगा। कई बार जवाब - चुप्पी के रूप में, कई बार आंसुओं के रूप में, कई बार अनसुने से, कई बार साफ और बिल्कुल स्पष्ट होते हैं जरूरत है विशेष दृष्टिकोण से इसे समझने की।

" बस यूँ ही " को कई कविताओं में पूछे गए प्रश्न और अपनी बुद्धि के अनुसार मिले उनके जवाबों का ही संकलन है। अधिकतर हमारे भीतर मिले प्रश्न तो उठते हैं लेकिन उत्तर की प्रतीक्षा करने का धैर्य हम नहीं ला पाते क्योंकि उत्तर पाने के लिए सोचना आवश्यक है और सोचने के लिए धैर्य अनिवार्य है।

अतः प्रिय पाठकों पढ़ते रहिए, स्वयं से सवाल करते ही रहिए; धैर्य रखेंगे तो उत्तर अवश्य मिलेगा।

1. मुस्कुरा लिया करते हैं!!

अपनों के बीच अपने पन को खोजा करते है,
अपने ही दिल में जज़्बात दबाते हैं,
बनावटी ही सही,
मुस्कुरा लिया करता हैं!

आग की लपटों में पानी की बूंद खोजा करते हैं,
अपने ही शहर में अपना घर ढूंढते हैं,
मुश्किल से ही सही,
मुस्कुरा लिया करते हैं!

कड़वाहट की तंग गलियों में खुशियों को खोजा करते हैं,
तिनके तिनके जोड़ अपनी नाव बनाते हैं,
थोड़ा ही सही,
मुस्कुरा लिया करते हैं!

किसी और को नहीं दुनिया की भीड़ में खुद को खोजा करते हैं,
थोड़ी थोड़ी सी बातों में ज्यादा सोचा लिया करते हैं,
तूफान कैसा भी हो ज़िन्दगी में,
हम तो वो है जनाब जो,
रोते रोते ही सही,
मुस्कुरा लिया करते हैं!!!

2. कहां न जाने आ गए...

कहां न जाने आ गए,
हम कहां न जाने आ गए...

यूं ही चलते चलते, राहों में घीसटते या फिसलते,
लम्हें कुछ रसीले गुनगुनाते, बुदबुदाते,
लिए केवल कुछ और बेहतर पाने की चाहतें,
काफी दूर उस ज़माने से आ गए,
हम; कहां न जाने आ गए |

कई नए शब्द जुबां से हमारे यूं जुड़ गए,
कुछ यंत्र हमसे दूर जो हुए तो मानो पखेरू प्राण ही उड़ गए,
अपरिचित, अप्रभावित इन तत्व, विषय, भेद से
वो खेलते, चहकते से दिन कहीं पीछे ही रह गए,
हम; कहां न जाने आ गए |

हम इतना क्यों पढ़ लिख गए,
जरूरत से कुछ अधिक समझ गए,
ये समझ भी किस काम की, जिसे समझ हम जीते जी ही मर गए,
बंद कमरे में बिन बाती के चिराग से हम रह गए,
हम; कहां न जाने आ गए |

बाकी सब तो हम को मिल गए, सुकून से हाथ धो गए,
रिश्ते ईमान से जो निभ रहे, संस्कार भला क्या थे हमारे काम के?
उनको भी पीछे छोड़ के,

किसी बेहतर जगत की तलाश में, बेहतरीन छोड़ आ गए,
हम; कहां न जाने आ गए |

कहां वो चार यार दोस्त रह गए, झूठे थे सब छूट पहले ही गए,
खुद का साथ था तो पहले, पर अब खुद से भी बिछड़ गए,
संग तंग तन्हाई लिए, आभासी दुनिया को आभास करने,
अपनी वास्तविकता को भूल आ गए,
हम; कहां न जाने आ गए |

मुश्किल जहां से लौटना, मगर असंभव नहीं ये जान लो ,
बदल कर आदतें ये कुछ, आने वालों को संभाल लो,
मत दोहराने दो वो गलतियां जो हम पहले कर गए,
ताकि वो ये न कहे कि वो कहां न जाने आ गए..
हम; कहां न जाने आ गए....

3. मुझे फिर से गोद में उठा लो न मां..

मुझे फिर से गोद में उठा लो न मां,
कमजोर नहीं है तुम्हारा बेटा,
पर बड़ी नाजों से पाला है ना तुमने,
उसे लड़ना नहीं आता।
एक बार सबको फिर से डांट लगाओ न मां,
मुझे फिर से गोद में उठा लो न मां।

व्यस्त तो हूं पर मसरूफ नहीं,
दूर हूं न तुझसे अभी, तो दिल को सुकून नहीं।
आंचल में अपने मुझे फिर से छुपा लो न मां,
मुझे फिर से गोद में उठा लो न मां।

नींद तो है, पर आराम नहीं,
बिस्तर तो है पर माथे पर तेरा हाथ नहीं
थपेड़ थपेड़ कर मुझे सुला दो न मां,
मुझे फिर से गोद में उठा लो न मां।

खुश हूं बढ़िया हूं,
यहां ये खाले, वो खाले - कहने वाला कोई है नहीं ना,
इसलिए भूखा हूं।
हाथों से अपने, एक निवाला मुझको खिला दो न मां,
मुझे फिर से गोद में उठा लो न मां।

बिना आंसुओं के रोता हूं,
थोड़ा सुबक सुबक कर खुद ही चुप हो जाता हूं,
सीने से मुझको लगा लो न मां,
मुझे फिर से गोद में उठा लो न मां।

खोया सा हूं भीड़ में,
पहुंचना है कही शायद उसी की खोज में,
उंगली पकड़ कर चला दो न मां,
मुझे फिर से गोद में उठा लो न मां।

क्या थक रहा हूं?
भरोसा नहीं ना किसी को तुम जैसा,
इसलिए तरस रहा हूं।
पीठ थपथपाकर, फिर से हौसला बढ़ा दो न मां,
मुझे फिर से गोद में उठा लो न मां!!!

4. ये उस शहर की बात है!!!

शाम सी थी ढल रही,
न जाने क्या बदल रही,
नशे में चकाचौंध की,
कहां न जाने भीड़ जा रही।
ये उस शहर की बात है!

कोई राह में खड़े,
तो राह में बीता रहे,
न जाने किसके इंतजार में,
मगन हुए ये चल रहे ।
ये उस शहर की बात है!

खुशी भी है तो ग़म भी है,
कोई मस्त है तो कोई पस्त है,
इस अजब सी शाम में,
मानो कुछ तो खास बात **ये उस शहर की बात है** !

कोई भार को लिए हुए,
तो कोई याद को लिए,
दौड़ दौड़ चल रहे ,
यूंही अगले दिन के इंतजार में।
ये उस शहर की बात है!

तेज़ कैसी रफ़्तार है,

अनुभव तो अरे! बेमिसाल है,
बीच में घने से शोर के,
शून्यता का ये एहसास है।
ये उस शहर की बात है!

देख इस बदलते ढंग को,
सूरज के बदलते रंग को,
मौन सा मै रह गया,
न जाने कैसी सोच में।
ये उस शहर की बात है!!

5. मौसम करवट ले रहा है.....

हा है,मौसम करवट ले र
सोचने पर कुछ मजबूर कर रहा है!

ये बादल बरसते हैं या रोते हैं?
न जाने कैसा गम है इन्हें?
ये गरजते हैं या कराहते हैं?
ये हवाएं बहती हैं या दौड़ती हैं?
न जाने कहां मंज़िल है इनकी?
ये चलती हैं या भटकती हैं?

ये जो मौसम है , ये मौसम है या ख्वाब है?
ये ख्वाब है या प्रकृति का कुछ पैगाम है?
पैगाम है या मुझे होता कोई एहसास है?
एहसास है या यूंही किसी के अरमान है?
अरमान है या अनसुने से ये अल्फ़ाज़ है?
अल्फ़ाज़ है या नई कोई मिसाल है?
मिसाल है या सौम्यता की सुहास है?
सुहास है या कोई अनजानी सी याद है?
याद है या बदलाव की मिठास है?
क्या ये ही मेरी खुद से खुद की पहचान है?
ये मौसम है,
अपने आप में ही, कई सवालों का जवाब है!!

मन ये मेरा खुश और गवार हो रहा है,

क्योंकि,
मौसम करवट ले रहा है,
सोचने पर कुछ मजबूर कर रहा है |

आसमान से बूंदें टपकती हैं या गिरती हैं?
ये बादल को छोड़ आती हैं,
ये इसकी मेहनत है या आंसू हैं?
ये बादलों में गुम जो सूरज है,
वो बादलों में सोता है?
या डर के किसी से छिपता है?

ये इंद्रधनुष की रंगत,
ये बादलों की गड़गड़ाहट,
ये बूंदों की फुसफुसाहट,
खिलते फूल पौधों की मुस्कुराहट,
ठंडी हवाओं की सरसराहट,
उन तारों की जगमगाहट,
पुरानी यादों की मन पे बसाहट,
दिल पर न जाने किसकी आहट,
दिल को खूब भा रहा है....
क्योंकि....
मौसम करवट ले रहा है...
सोचने पर कुछ मजबूर कर रहा है!!!

6. उम्र से बड़ा !

हमने खुला आसमान देखा था ,
उस मे कुछ धुंधला सा अपना आने वाला कल देखा था,
हमने सुनहरा सा दिन देखा था,
उसी दिन को रात में तब्दील होते देखा था,
और हर बदलती शाम को हमने नया बदलाव देखा था,
शायद इन ही बदलावों ने हमें इतना बड़ा कर दिया!
किसने हमे उम्र से पहले बड़ा कर दिया?

हमने स्कूल में अनुशासन देखा था,
घर पे हमने बड़ों का सम्मान देखा था,
उछलता कूदता बचपन देखा था,
और किसी का वही बचपन छीनते देखा था
शायद इन्हीं छीना झपटियों ने हमें इतना बड़ा कर दिया,
किसने हमें उम्र से पहले बड़ा कर दिया?

हमनें पंछियों को चहकते देखा था,
उन्हीं मीठी आवाजों को चुप होते देखा था,
झिलमिल झिलमिल करते रात को तारे देखा था,
सुबह होते ही उनको गायब होते देखा था,
शायद इन्हीं आंख मिचौली ने हमें इतना बड़ा कर दिया,
किसने हमें उम्र से पहले बड़ा कर दिया?

हमने माथे पर पड़ते निशान देखे थे,
समस्याओं से होते रूबरू समाधान देखे थे,

कुछ नहीं पास में लेकिन, मुस्कुराते चेहरे देखे थे,
शायद इन्हीं झूठी मुस्कानों ने हमें इतना बड़ा कर दिया
किसने हमें उम्र से पहले बड़ा कर दिया?

7. याद आ गए!!

याद आ गए वो दिन,
सालों बाद कर रहा था सफर,
सोचा था सो जाऊंगा थककर,
पर देख कर वो नज़ारे,
सुन लोगों की खट्टी मीठी बातें,
वो पुरानी सुहानी सी यादें,
कहीं खो गए से, कही दफन से वो दिन,
याद आ गए।

स्लीपर बोगी की वो बिन चादर कम्बल की सीटें,
संख्या से कुछ ज्यादा लोगों से भरी भरी वो सीटें,
खरोची सी बदरंग सी छत,
वो पुरानी मानो सुन रही हो अपने सफर की कहानी,
सभी दिशाओं में मुख किए वो पंखे,
असंभव था सफर यहां पर जिनके बिन,
याद आ गए।

घर जाने के इंतजार में बैठे वो चेहरे,
चढ़ते ही "उठ मेरी सीट है" बोल गुस्से से लाल वो चेहरे,
जहां टीटी का लगा रहता आना जाना,
किसी को तेज फाइन बता वसूलूं हर्जाना,
पहले झगड़ा फिर पूरे सफर बतियाते बिताए वो लम्हें,
याद आ गए।

खुली खिड़की से दिखते नज़ारे,
पसीने से लथपथ फिर चलती बयारें,
खयालों में खोए लोग वो सारे,
कूदते फांदते बच्चे वो प्यारे,
मोल भाव कर खरीदते वो खिलौने,
याद आ गए।

रफ्तार से रूबरू कराती वो पटरियां,
बैठे बैठे की गई वो अठखेलियां,
वर्मा, शर्मा, और चौरसिया,
जहां पे दूर होती सबकी फहमियां,
सफर में घुलने मिलने के वो दिन,
याद आ गए.....

8. यूंही गवां दोगे क्या !?

ये जिंदगी है जनाब,
यूंही गवां दोगे क्या!?
चले नहीं, तो रुकोगे क्या?
उड़े नहीं, तो गिरोगे क्या?
कुछ पाया ही नहीं, तो खोओगे क्या?
चार दिन की ही सही,
ये जिंदगी है जनाब,
यूंही गवां दोगे क्या!?

कुछ सोचा ही नहीं, तो करोगे क्या?
जब जागोगे ही नहीं, तो सोओगे क्या?
जब कमाया ही नहीं, तो खाओगे क्या?
कुछ हारा ही नहीं, तो जीतोगे क्या?
कीमत से कीमती,
ये जिंदगी है जनाब,
यूंही गवां दोगे क्या!?

जब उगे ही नहीं, तो चमकोगे क्या?
कहीं पहुंचे ही नहीं, तो लौटोगे क्या?
बीज बोया ही नहीं, तो फल पाओगे क्या?
सबको कल पे छोड़ दिया, तो आज करोगे क्या?
जो भी है आज,
ये जिंदगी है जनाब,
यूंही गवां दोगे क्या!?

जुझे नहीं, तो साधोगे क्या?
तपोगे नहीं, तो परखाओगे क्या?
सहन कुछ किया नहीं, तो दमकोगे क्या?
जलवा जब बिखेरा ही नहीं, तो समेटोगे क्या?
हंसी खेल नहीं,
ये जिंदगी है जनाब,
यूंही गवां दोगे क्या!?

ललक ही नहीं, तो सीखोगे क्या?
जाना ही नहीं, तो हासिल करोगे क्या?
लड़ा ही नहीं, तो फतह करोगे क्या?
जब खुद की कहानी होगी ही नहीं, तो लिखोगे क्या?
तन्मय होकर ज़रा सा सोचो,
ये जिंदगी है जनाब,
यूंही गवां दोगे क्या!?

ख्वाब देखा ही नहीं, तो साकार करोगे क्या?
शहर खुद को माना ही नहीं, तो दहाड़ोगे क्या?
मेहनत जब करी नहीं, तो हाथ की रेखाओं का करोगे क्या?
ढलने लगी उमर तो, मन की इच्छाओं का करोगे क्या?
सिर्फ इतना ही है पूछना,
ये जिंदगी है जनाब,
यूंही गवां दोगे क्या!?

9. मुखौटों की आड में..

होते नहीं जो दिखते हैं,
धोखे से सबको छलते हैं,
कोई मजबूरी से, कोई मनोरंजन के लिए,
कुछ तो छुपाते हैं,
मुखौटों की आड में।

किसी की कुर्बानी है,
तो किसी की मनमानी है
पास में सभी के होते हैं मुखौटे,
अपनी अपनी तरह से इस्तेमाल करते हैं,
कई छुपाते है अपने असली चेहरे,
तो रोते हैं कुछ हंसते चेहरे,
मुखौटों की आड में।

हंसता मुखौटा, अच्छा मुखौटा,
पीछे उसके गुमसुम सा वो खोया रहता,
कभी भी कहीं अगर है आता जाता,
साथ ले जाता अपना मुखौटा।
असल में मिलता नहीं वो किसी से,
मिलता है मुखौटा।
कहीं हम ही तो नहीं 'वो',
मुखौटों की आड में।

ढूंढो ज़रा उसे जो मुखौटों के पीछे है,

सिसकते सिसकते आहें भरते,
लगते जाने पहचाने है।
खुल के जीयो, जी भर के जीयो,
जो जैसे हो वैसे ही रहो,
हो गई वो आदत, छोड़ो रहने की,
मुखौटों की आड में।

10. बादल

बादल सा बन जाना है!
पानी बरसाकर इतना हल्का बन जाना है,
चले हवा जब उसके संग ही उड़ जाना है,
" वो देखो बादल ", ऐसी शख्सियत बन जाना है।

स्वयं में ही लीन एकत्व भाव अपनाना है,
सबसे मिलते और बिखरते जाना है,
रहूं जब तक, सबसे घुलमिल जाना है,
न बदलना रंग,
कहीं पे काला तो कहीं पे गोरा ही बन जाना है,
बादल सा बन जाना है।

खारे पानी को मीठा करते जाना है,
ना रखना अपने पास छुपा कुछ,
जो है सबसे बांटते जाना है,
उदार इतना ही मुझको बन जाना है,
बादल सा बन जानाहै।

उड़ते उड़ते पूरा संसार निहारते जाना है,
सूरज के साथ कहीं गुम ही जाना है,
धूप छांव का खेल खेलते जाना है,
बेफिक्र होकर ऐसे ही उड़ते चले जाना है,
बादल सा बन जाना है।

11. आज एक और यार खो गया..

आज एक और यार खो गया,
कैसे वो जिंदगी में आ गया?
कैसे इतना यूं खास है गया?
अब जो वो दूर हो गया,
मानो फिर मैं अकेला रह गया,
आज एक और यार खो गया।

सोचा था उस दिन मुझको साथ मिल गया,
रेगिस्तान में जैसे, पानी का सुराग मिल गया
पर फिर से वो मेरा वहम ही रह गया
आज एक और यार खो गया।

साथ था उसका टूटे तारे की तरह,
मिलकर गुम हो गया वो उसही की तरह,
कुछ मांग भी ना उससे मैं सका,
नजारों में उसके इतना खो था गया,
आज एक और यार खो गया।

नहीं कहता मैं अब यार किसी को,
कहता जिसे भी वो खो जाता है इसी तरह,
अकेले मौज में रहने का हुनर वो मुझको सिखा गया,
सीख मुझको सिखाकर, वो चला गया,
आज एक और यार खो गया!!

12. तो बताना !!

कभी भी भूख लगे तो,
खेल खेल कर प्यास लगे तो,
मेले में कुछ देना हो तो,
कहीं पे कुछ भी जरूरत हो **तो बताना!**

गर्मी में गर्म लगे तो,
सर्दी में ठंड लगे तो,
बदन कभी दर्द करे तो,
या कहीं पर छोट लगे **तो बताना!**

दिन भर अकेले बोर लगे तो,
रात में नींद ना आए तो,
खर्चे पैसे चाहिए हो तो,
घूमने गाड़ी चाहिए हो **तो बताना!**

यहीं नहीं रुकती जनाब मां की ममता,
जीवन में कोई पीड़ा हो तो,
किसी से तेरे लिए लड़ना हो तो,
या पिता से कुछ कहना हो **तो बताना!**

खाना-पीना-कपड़े-मौज कराना हो तो बताना,
दिन में दौड़ना, रात म तेरे लिए जागना हो तो बताना,
पल्ले से हवा कर पसीना पोछना हो तो,
तो बताना, तो बताना, अपने लिए नहीं,

तेरे लिए कुछ भी करना हो **तो बताना!**

इतना इतना कोई काम करे तो,
बिना पूछे समाधान करे तो,
दवा हर दर्द पे काम करे तो,
विज्ञान मां जैसा कुछ बना सके **तो बताना!**

13. मैं निकल गया...

आंसुओं में तैरते सपने लिए,
बंद बस्ते में कपड़े लिए,
यादें नशीली पिए हुए,
दही शक्कर से मुंह मीठा किए हुए,
सफर कहीं तक का तय करने के लिए,
मैं निकल गया।

डबडबाई आंखों को छलकने के लिए,
फैली हुई बाहों को तरसने के लिए,
मुस्कानों को फीकी पड़ने के लिए,
ख्वाबों में मुझको याद करने के लिए,
छोड़ उस चौखट से,
मैं निकल गया।

मन को मैंने यूं मोड लिया,
असंभव शब्द को ही चीर दिया,
सो-सो कर अब थक गया,
चाहतों के सपने, खुली आंखों से देखने,
मैं निकल गया।

कल्पना के रंग से कल को रंगने लग गया,
जज़्बा बस साथ लिए,
जज़्बात से किनारा कर गया,
हाथ दिखा सबको, घर से,

मैं निकल गया।

हाथ मिलाने तारों से,
घर बनाने बादलों पे,
नायाब अपने खयालों से,
नाता जोड़ने की इच्छा से,
हद से आगे कुछ मैं, गुजर गया,
मैं निकल गया।

तन्हा सा नहीं, डरा सा नहीं,
ज़रा सा नहीं, पूरा सा नहीं,
पानी सा नहीं, पवन सा नहीं,
जिद्दी सा नहीं, पिद्दी सा नहीं,
सही सा नहीं, गलत सा नहीं,
आधा सा नहीं, अधूरा सा नहीं,
लोगों की कलम से, खुद की कहानी लिखने,
मैं निकल गया।

उम्मीदों का साया लिए, नगीना सा मैं निकल गया!!

14. मेहमान ही तो हूं!

सबसे मिलकर, सबको अलविदा कहने आया हूं,
थोड़ा हंसकर, लोगों से बतियाकर मन बहलाने ही तो आया हूं,
कुछ नहीं दो दिन का छोटा सा किस्सा ही तो हूं,
यूं देखा जाए, तो अपनों का,
मैं मेहमान ही तो हूं।

सबसे मिलकर वापस, अपने घर ही तो जाने वाला हूं,
सिलसिला ये कायम करके, वक्त की तरह, गुज़र जाने वाला हूं,
किसी से बार बार, तो, किसी से
एक ही बार मिलने वाला हूं,
यूं देखा जाए तो,
मैं मेहमान ही तो हूं।

कुछ करते हैं इंतज़ार आने का,
तो कुछ करते हैं जाने का,
कुछ लोगों को लुभाता हूं, तो कुछ को न सुहाता हूं,
यूं देखा जाए तो,
मैं मेहमान ही तो हूं।

15. ज़रा गौर से देखो तो --

क्या है इन महानगरों में,
जो छोटे शहरों में नहीं,
ज़रा गौर से देखो तो, सब होके भी यहां कुछ नहीं!!

त्यौहार है पर व्यवहारिकता नहीं
मंदिर तो है पर आस्था नहीं,
पहचान तो है पर रिश्तेदारी नहीं,
मुंह पर मुस्कान तो है पर भीतर की हंसी नहीं,
लबों पर हां तो है पर मन की तसल्ली नहीं,
ज़रा गौर से देखोतो सब कुछ होकर भी यहां कुछ नहीं।

इमारतें तो है पर इमारत में इंसान नहीं,
लोग तो हैं पर लोगों में वो दिल नहीं,
दिल धड़कता तो है पर धड़कन की किसी को पड़ी नहीं,
ज़रा गौर से देख तो सब कुछ होकर भी यहां कुछ नहीं।

खुले मैदान तो है पर अंगुल भर खाली जमीन नहीं,
साधन तो है पर उनका सदुपयोग नहीं,
बेशक अमीरी तो है पर संतुष्टि का नाम नहीं,
खेल तो बहुत है पर जितने के आसार नहीं,
ज़रा गौर से देख तो सब कुछ होकर भी यहां कुछ नहीं।

16. हम पागल कहलाते हैं..

ठोकर खाकर पत्थरों से गिरते हैं,
उठकर पत्थरों से ही सीखते हैं,
उसने भी तो ठोकर खाई है,
चट्टान से अलग अपनी पहचान बनाई है,
कदर नहीं करता ज़माना जिसकी,
हम उससे यारी निभाते हैं,
इस ही लिए तो हम पागल कहलाते हैं।

अपनों के लिए अपनी खुशी वार देते हैं,
सबकी करते कद्र, अपनी अहमियत भूल जाते हैं,
मानकर गैरों को अपना,
जी जान उनपर लूटाते हैं,
कई बार एक ही गलती बार बार दोहराते हैं,
इस ही लिए तो हम पागल कहलाते हैं।

मेहनत के घोड़ो पर इरादों के रथ को लादा करते हैं,
दौड़ाते उसको परे, लोगों की समझ से ले जाया करते हैं,
फौलादी हमारे रथ को,
लोग भेद नहीं पाते हैं**इस ही लिए तो हम पागल कहलाते हैं।**

न जाने किन ख्यालों में खोए रहते हैं,
हंसते हंसते सबको भरमाते रहते हैं,
सबको करते करते राज़ी, अपनी नाराज़ी भूल जाते हैं,
धीरे धीरे खुद को ही खोते रहते हैं,

इस ही लिए तो हम पागल कहलाते हैं।

दुनिया बदलने के इरादे लिए चलते हैं,
अपने इरादों के नक्शे लिए चलते हैं,
उन्हीं राहों में उड़ते फिरते हैं,
बाकी दुनिया से अलग थलग रहते हैं,
इस ही लिए तो हम पागल कहलाते हैं।

17. वो भी तो एक वक्त था..

ना किसी के रूठने का डर था,
ना किसी के छूटने का डर था,
जो मन में है, खुल के कहने का हक था,
मासूमियत से भरे असल जिंदगी का स्वाद था,
आखिर वो भी तो एक वक्त था।

लोग कहते हैं, वो बचपन था,
बीता हुआ कल था,
जब बड़ा होने का मन था,
पता नहीं था बड़ा होकर उसे ही याद करना था,
सिर्फ खेलना, पढ़ने का बिल्कुल मन ना था,
आखिर वो भी तो एक वक्त था।

ना किसी तरह की बनावट थी,
न किसी को रिझाने का शौक,
छोटू कहलाकर अपने में ही मस्त थे,
अपनी ही समस्याओं में व्यस्त थे,
वो बड़ों की अक्लमंदी से दूर था,
आखिर वो भी तो एक वक्त था।

सुख, चैन, शांति, सुकून जब पास था,
पर नाम से वाक़िफ वो न था,
अब नाम मालूम है,
पर साथ नहीं जो पहले जैसा था,

ढूंढते हैं उस पते को,
जहां पे पहले हमारा घर था,
ज़िन्दगी भर के लिए याद बन गया,
वो भी एक ज़माना था,
आखिर वो भी तो एक वक्त था!!!

18. थोड़ा सा मैं बदल रहा हूं

लड़खड़ाते हुए चलना सिख था हूं,
राहों पर से गुलाब चुनना सिख रहा हूं,
कांटों में उसके ध्यान नहीं जाता,
अब उसकी महक से मै जुड़ रहा हूं,
क्योंकि थोड़ा सा मैं बदल रहा हूं।

बंद मुट्ठी से रेत फिसल जाने दे रहा हूं,
उसी रेत से समंदर किनारे महल के सपने देख रहा हूं,
लहरों के संगीत से मै बतियाने लगा हूं,
बतियाते बतियाते उन्हीं में खोने लगा हूं,
मोतियों की खोज में गोते लगा रहा हूं,
क्योंकि थोड़ा सा मैं बदल रहा हूं।

मुस्कुराहट का हर एक अंगुल नाप रहा हूं,
उसकी गहराइयों को भांपने लगा हूं,
जीते जी उसे और बढ़ाने में लग रहा हूं,
दूसरों की खुशी का कारण बनने निकल पड़ा हूं,
आगे यूंही बढ़ता जा रहा हूं,
क्योंकि थोड़ा सा मैं बदल रहा हूं।

सूरज को उगते देख रहा हूं,
उस ही के साथ मंज़िल की ओर कूच कर रहा हूं,
जीने का नया ढंग गुनगुनाते जा रहा हूं,
जो पास है उससे प्यार करना सीख रहा हूं,

जो नहीं है उसकी फिक्र करना छोड़ रहा हूं,
क्योंकि थोड़ा सा मैं बदल रहा हूं।

19. खुद को ही भूल गए

'मेरा नाम ये है',
'मैं वहां का रहने वाला हूं',
'आपसे गुजारिश करने आया हूं',
सबको ऐसे ही परिचय देते देते,
कहीं तुम खुद से ही अनजान हो गए?
हाथ रख के सीने में,
आंख मिलकर आंखों से,
कह दो अगर झूठ है,
'तुम खुद को ही भूल गए',
अपनी पसंद नापसंद को भूलकर,
दुनिया के बनाए रास्तों को अपनाकर,
तुमने अपनी असली आवाज को दबा दिया,
अरे पता भी है, की तुमने क्या क्या गवां दिया?
माना कुछ पाने के लिए कुछ के खोना था,
पर किसने कहा था?-
जिसके लिए पाना है उससे ही रिश्ता खत्म करना है,
और तुम, नहीं कह सके ना-
की मैंने जो ये बोला है,
'तुम खुद को ही भूल गए'
झूठ ये मेरा कहना है!

डर गए ना सुन के,
पूछने लगे ना मन से,
क्या है हकीकत?

क्या मैं सच में खुद से बिछड़ गया?
मेले के कौन से झूले पर मैं चढ़ गया,
उतर के देखा तो सारा मेला ही था उजड़ गया!
क्या हासिल कर लिया?
जिसकी लालच में था मैं पड़ गया,
जवाब चाहिए?
तो आओ मेरे यार,
मिलाओ खुद से हाथ,
टटोलो ज़रा खुद को,
मोड लो पीछे ज़रा खुद को,
जाओ जहां से खेल शुरू किया था,
खुद से मिलना बंद किया था,
जहां किसी से डांट पड़ती थी,
कभी डांट सुनकर आँखें रोया करती थी,
अगली ही सुबह, फिर वैसे ही होती थी।
शरारतों से भरी एक दुनिया होती थी,
जिद्द करने की तलब उठती थी,
पूरी होने पर आँखें चमक उठती थी,
जहां रंगीन – गुब्बारे और बुड्ढी के बाल होते थे,
खिलौनों के बीच हम मालामाल होते थे,
बन जाओ उस ही सरीखे,
जब कहना सीख रहे थे–
'मेरा नाम ये है',
'मैं वहां का रहने वाला हूं'...

20. नसीब

नसीब से हमने पूछ ही लिया,
कब तक.. आख़िर कब तक आड़े आओगे?
ज्यादा आड़े आओगे तो तुम पलट दिए जाओगे!
कब तक.. आखिर कब तक?
मंज़िल को हमसे छुपाएंगे?
हम "हम" हैं जनाब, तुम्हारे बिना ही उसे पा जाएंगे।

बंद कर लो दरवाजे, हम खिड़की से छलांग लगाएंगे,
तोड़ दोगे गर नांव हमारी,
बाजुओं से सागर नाप आयेंगे,
मोहताज नहीं हैं हम मौकों के,
हम मौके खुद ही बनाएंगे।

पंख तुम्हारे हो सकते हैं, पर उड़ान तो हमारी है,
कैसे छीनोगे वो सब, जो हमने अपनी इच्छा शक्ति से पाई है,
हैरान रह जाओगे जब हम,
तुम्हे मात देकर जीत का परचम फहराएंगे।

नसीब का पल्लू वो पकड़े जो मेहनत से कतराते हैं,
रूठा हुआ है नसीब तो हमसे,
रिश्ते सारे मेहनत से ही निभाते हैं,
बौना हो जाएगा नसीब भी एक दिन, जब हम हिम्मत की कलाई थाम
शिखर पर चढ़ जाएंगे,
कब तक.. आखिर कब तक?

मंज़िल को हमसे छुपाएंगे?

हम "हम" हैं जनाब, तुम्हारे बिना ही उसे पा जाएंगे।

21. अभी अभी तो शुरू किया है

बूंद बूंद से घड़ा भरता है,
भरना उसमें पूरा सागर है,
अभी अभी तो शुरू किया है,
अब लिखनी पूरी कहानी है।

लोग लगाते हैं अपने अनुमान,
पीठ पीछे करते हैं अपमान,
मुझे तो बनकर हनुमान,
लांघ जाना है इन्हें,
लगाकर एक छलांग।
तूफानों से अब क्या डरना है,
जब प्रलय हमारे भीतर है,
अभी अभी तो शुरू किया है,
अब लिखनी पूरी कहानी है।

शिखर की आशा रखते हैं,
जहां सोचना बंद करे सब,
वहां से करना शुरू करते हैं,
सीख सीख अपनी खामियों से,
उठ फिर सीना तान खड़े होते हैं,
अभी तो केवल परिचय दिया है,
रूबरू कराना बाकी है।
अभी अभी तो शुरू किया है,
अब लिखनी पूरी कहानी है।

अक्सर पगडंडियों पे,
लड़खड़ाते हुए चलते हैं,
शायद पीछा करने वालों के लिए,
हम ही राह बनाते हैं।
हंसते लोगों को देख,
हम भी मुस्कुरा दिया करते हैं।
अभी तो सिर्फ तारे समेटे हैं,
चांद अभी भी बाकी है।
अभी अभी तो शुरू किया है,
अब लिखनी पूरी कहानी है।

काबिलियत पर सवाल उठे तो,
सब्र को गले लगाते हैं,
छोटी छोटी सफलताओं के जवाब,
उन सवालों के लिए छोड़ जाते हैं।
नहीं समझे ज़माना तो,
पूरा निबंध लिख कर भी समझाते हैं।
अभी तो केवल पढ़ा है उसको,
प्रश्नपत्र पूरा बाकी है।
अभी अभी तो शुरू किया है,
अब लिखनी पूरी कहानी है।